BEI GRIN MACHT SICH IHR WISSEN BEZAHLT

Corinna Seisenberger

Aus der Reihe: e-fellows.net stipendiaten-wissen

e-fellows.net (Hrsg.)

Band 1457

Opfer oder Täterin? Die Darstellung der Klytämnestra in der Literatur

GRIN Verlag

Bibliografische Information der Deutschen Nationalbibliothek:

Die Deutsche Bibliothek verzeichnet diese Publikation in der Deutschen National-
bibliografie; detaillierte bibliografische Daten sind im Internet über http://dnb.d-
nb.de/ abrufbar.

Impressum:

Copyright © 2012 GRIN Verlag GmbH
Druck und Bindung: Books on Demand GmbH, Norderstedt Germany
ISBN: 978-3-656-97888-6

Dieses Buch bei GRIN:

http://www.grin.com/de/e-book/301200/opfer-oder-taeterin-die-darstellung-der-
klytaemnestra-in-der-literatur

GRIN - Your knowledge has value

Der GRIN Verlag publiziert seit 1998 wissenschaftliche Arbeiten von Studenten, Hochschullehrern und anderen Akademikern als eBook und gedrucktes Buch. Die Verlagswebsite www.grin.com ist die ideale Plattform zur Veröffentlichung von Hausarbeiten, Abschlussarbeiten, wissenschaftlichen Aufsätzen, Dissertationen und Fachbüchern.

Besuchen Sie uns im Internet:

http://www.grin.com/

http://www.facebook.com/grincom

http://www.twitter.com/grin_com

Inhaltsverzeichnis

1 Der Mythos und seine Folgen

„Du hast auch gesagt: Nenne niemanden glücklich, bis er nicht gestorben ist. Bist du nun glücklich?"[1] Dieses Zitat stammt aus Christine Brückners Buch „Wenn du geredet hättest, Desdemona. Ungehaltene Reden ungehaltener Frauen.". In ihrem Werk lässt die Autorin verschiedene Frauengestalten aus Literatur und Geschichte in Monologen aufleben, wie auch Klytämnestra, die an der Bahre ihres toten Ehemannes seine Grabrede hält.

Doch was genau macht den Mythos der Klytämnestra so interessant, dass eine deutsche Autorin den Stoff noch im Jahr 1983 aufgreift? Die Tatsache, dass sämtliche Faktoren, welche die Gesellschaft erschüttern, darin enthalten sind: prekäre Familienverhältnisse, Begierde, Betrug, Rache, Lügen und Mord.

Der Mythos kann wie folgt kurz zusammengefasst werden: Klytämnestra ist verheiratet mit Agamemnon, dem König von Mykene. Als Agamemnons Schwägerin Helena von Paris nach Troja entführt wurde, zog der König von Mykene mit seinem Bruder Menelaos in den Krieg, um die Gestohlene zurückzuholen. Nach dem siegreichen Kriegsende herrscht eine unendliche Windstille, welche die Heimfahrt Agamemnons und seiner Truppen behindert. Um der Flaute endlich ein Ende zu bereiten, opfert der König die gemeinsame Tochter Iphigenie. Als Agamemnon nach zehn langen Jahren in Begleitung seiner Geliebten, der jungen, trojanischen Seherin Kassandra, in Mykene einläuft, werden er und seine Liebschaft von Klytämnestra und deren Geliebten Ägisth ermordet.

In der Vergangenheit wurde der Mythos um den König von Mykene und seiner mörderischen Gattin oft aufgegriffen, wobei die Darstellungsweise der Königin variiert. Sowohl der Epiker Aeschylos, der Dichter Homer als auch der Dramatiker Hans Sachs, sowie die Schriftsteller Jochen Berg und Christine Brückner beschäftigten sich mit der Gestalt der Gattenmörderin. In dieser Seminararbeit wird folgendes untersucht: Bei welchem Autor erscheint Klytämnestra als Opfer ihrer Lebenssituation und welcher Schriftsteller lässt die Königin als Täterin auftreten? Mithilfe von Sekundärliteratur werden die Werke der oben genannten Autoren analysiert, wobei die Opera Brückners und Bergs einen Schwerpunkt der Seminararbeit bilden.

---

[1]Brückner, Christine: Wenn du geredet hättest, Desdemona. Ungehaltene Reden ungehaltener Frauen. München 2002, S. 195 - S. 208, S. 195.

2 Die Darstellung der Klytämnestra in der Literatur

2.1 *Klytämnestra als Täterin*

2.1.1 Aeschylos' „Agamemnon"

Der Epiker Aeschylos lässt im ersten Teil seiner „Orestie", im Werk „Agamemnon", Klytämnestra als Täterin erscheinen.

Um Klytämnestra in ihrer Rolle als Hauptschuldige von Anfang an möglichst authentisch zu gestalten, fertigt Aeschylos ihren Charakter den später folgenden Taten entsprechend: Sobald der Herold ihr Nachricht von der baldigen Ankunft ihres Ehemannes bringt und sie jenem ausrichten lässt, *er solle so schnell wie möglich zu seiner treuen Gattin kommen*[2], lügt sie. Der Grund dafür ist die einfache Tatsache, dass sie schon seit mehreren Jahren mit Ägisth eine Beziehung führt. Auch als sie zu den Bürgern von Argos spricht und vor jenen ihr *„gattenliebend, treu Gemüth"*[3] offenbart, redet sie heuchlerisch. Zudem ist sie im Gespräch mit Agamemnon erneut doppelzüngig, als das Fernbleiben ihres Sohnes Orest zur Sprache kommt: *Der Beweis ihrer Treue sei leider kriegsdienstlich verhindert.*[4]

Ein weiteres Argument dafür, Klytämnestra als schuldfähige Täterin zu sehen, ist folgendes: Vor Agamemnons Eintreffen lässt Klytämnestra zahlreiche edle Purpurteppiche, eigentlich ein Privileg der Götter, auf dem Weg zum Palast auslegen. Nicht, um den heimkehrenden Sieger aufrichtig zu ehren, sondern viel mehr als Bemühen den Neid der Götter und des Volkes auf Agamemnon, ihr Opfer, zu laden, indem er überdurchschnittliche Ehrbezeichnungen erhält. Agamemnon beschreitet den Teppich, jedoch nicht ohne seiner Ehefrau zuvor aufzutragen, seine Beute aus Troja, er nennt sie *„die Blume vieler Schätze"*[5], die Seherin Kassandra, in den Palast zu führen.

Nachdem die Königin ihren Angetrauten in das Gebäude geführt hat, kommt sie zu Kassandra zurück: Sie solle doch in das Haus hineingehen, schließlich habe *Zeus sie zu einem Hause frei von Groll gesandt.*[6]

Hier wird dem Leser abermals deutlich, dass Klytämnestra unaufrichtig ist, da sie gewiss nicht *„frei von Groll"*[7] ist, wenn ihr Gatte nach zehnjähriger kriegsbedingter Abwesenheit mit einer jungen Gespielin nach Hause zurückkehrt. Zudem versichert sie der Seherin, dass sie *alles, was die Sitten erfordern*[8], hier bei ihnen finden würde. Betrachtet man diese Aussage

---

[2] Aeschylos: Agamemnon. [Herausgegeben von?]. [Übersetzt von?]. [Ort?] 1871, V. 593 - 595.
[3] ebd., V. 832.
[4] ebd., V. 854.
[5] ebd., V. 930.
[6] ebd., V. 1007 - 1011.
[7] ebd., V. 1008.
[8] Aeschylos: Agamemnon. [Herausgegeben von?]. [Übersetzt von?]. [Ort?] 1871, V. 1018.

in Verbindung mit dem Ausbreiten der Purpurteppiche, so gelangt man von Neuem zu dem Schluss, dass die Königin mit Vorsatz lügt. Es entspricht nicht der guten Manier, vor dem gerade gelandeten siegreichen Gatten diverse Purpurteppiche auszulegen, um den Hass sämtlicher irdischer und überirdischer Personen auf ihn zu lenken.

Doch der wohl eindeutigste Beleg, dass Aeschylos Klytämnestra als durch und durch schuldig darstellt, ist die Art und Weise, wie sie sich nach dem begangenen Mord verhält: Sie tritt aus dem Palast heraus und geniert sich nicht im geringsten für ihre Tat, sondern bekennt, diese schon lange zuvor geplant zu haben, und legt ohne erkennbare Reue Rechenschaft vor dem Chor Argeiischer Greise ab:

„Ich macht' es so; denn leugnen werd' ich's nimmermehr,
dass nicht Entfliehen vom Tode blieb, nicht Gegenwehr.
Erst werf' ich ringsumfahend, fischgarnähnliches,
endlos Gewand ihm über, Unglückskleiderschmuck. [..]
So haucht er aus das Leben, fallend hin in Staub,
von sich schießend seiner Schlachtung bittren Strom,
bespritzt mit schwarzen Tropfen blutigen Thaus er mich. [..]
Weil dies also, Argos Volkes Älteste,
seid freudig, wenn's euch freuet; ich frohlocke drob. [..]
Furchtlos mit sichrem Muthe, dass ihr's wisset, sprech'
ich's aus vor euch; ob loben, ob ihr's tadeln wollt,
gilt einerlei mir; dieser ist Agamemnon, mein
Gemahl, ein Leichnam, dieser meiner rechten Hand,
gerechter Thatbeginn'rin, Werk."[1]

Außerdem führt die Königin folgende Beweggründe für die Ermordung ihres Gatten auf: Zuerst nennt sie *Iphigenies Opferung für günstigere Windverhältnisse durch Agamemnon*[2]. Dies Dies scheint der essentiellste Antrieb für die tödliche Rache gewesen zu sein, da sie im Gegenteil zu den anderen Gründen nur diesen zweimal[3] aufzählt. Anschließend führt sie die Affäre ihres Gatten mit Kassandra ins Feld. *Ihm zugesellt sei nun die kampferrungene Seherin, die Bettgenossin, seine zeichendeutende getreue Gattin, die er auf dem gleichen Schiff wie einst Klytämnestra hergebracht hat*[4]. Dies geschah jedoch nicht ohne Folge und so tötete te die Königin ein weiteres Mal aus Eifersucht, wobei sie beim Anblick der toten Kassandra ein Gefühl der höchsten Befriedigung empfindet, eine *„Überwürze des Wonngefühls"*[5]. Zuletzt beruft sich die Täterin auf den Atridenfluch[6], als dessen Exekutionsorgan sie gedient habe: *Zwar habe sie die Tat ausgeführt, doch eigentlich habe der rachsinnende Geist des*

---

[1] ebd., V. 1354 - 1380.
[2] ebd., V. 1393f.
[3] ebd., V. 1393f sowie V. 1509ff.
[4] ebd., V. 1418 - 1420.
[5] Aeschylos: Agamemnon. [Herausgegeben von?]. [Übersetzt von?]. [Ort?] 1871, V. 1418 - 1420.
[6] Atridenfluch: Fluch, der seit mehreren Generationen auf Agamemnons Familie lastet.

Atreus[1] den Toten in ihrer Gestalt bestraft.[2] Von den eben angeführten Gründen für ihre Tat wecken vor allem die Opferung Iphigenies und Agamemnons Seitensprung ein gewisses Maß an Verständnis für Klytämnestra, wodurch man sie sogar beinah als Opfer wahrnehmen kann. Doch berücksichtigt man die zahlreichen Lügen, das heuchlerische Ausbreiten des Purpurteppichs, das Selbstbewusstsein vor dem Volk und die Befriedigung nach Kassandras Ermordung, so kann das Handeln der Königin auch mit den „entlastenden" Argumenten nicht entschuldigt werden.

Durch eine letzte Instanz gelingt es Aeschylos erneut, Klytämnestra als Täterin zu brandmarken: Auch wenn der *Chor Argeiischer Greise nicht direkt in das Geschehen eingreift, sondern stets nur seine Ansichten preisgibt*[3] und Klytämnestras Tat bewertet, erscheint ihm die Königin eindeutig als Mörderin: „*Dass du des Mordes schuldlos seyst, des verübeten, wer bezeugt es? Doch vom Vater her schon half vielleicht dir der Dämon.*"[4] Und obgleich die Greise Klytämnestras Ausflüchte scheinbar akzeptieren, bringen sie eine Einschränkung hervor, und zwar das Wort „vielleicht". Dies bedeutet, dass die Täterin trotz der Ausflüchte selbstverantwortlich ist. Lutz Walther fasst Klytämnestras Darstellung bei Aeschylos folgendermaßen zusammen: „*Sie ist allein schuldig am Tod ihres Gatten und Aischylos sorgt dafür, dass sie als von ihrer Tat geprägt und voll verantwortlich scheint.*"[5]

2.1.2 Hans Sachs' „Die mördisch' Königin Clitimestra"

Hans Sachs verfasste mehrere Werke über Klytämnestra. In der „tragedia" mit dem Titel „Die mördisch' Königin Clitimestra" von 1554 wechselt die Darstellung dieser im Laufe des Stückes.

Am Anfang des Dramas wird die Königin als Opfer dargestellt. Nachdem zehn Jahre seit dem Aufbruch ihres Mannes in den trojanischen Krieg vergangen sind und sie sich im Unklaren darüber ist, ob jener noch lebt oder umkam, ersucht sie den griechischen Oberpriester Ägisth darum, das Orakel zu befragen. Die Königin wird als eine Frau beschrieben, die Sehnsucht nach ihrem Gatten verspürt und Furcht empfindet: „*Ach, mir ist in meim hertzen bang, [d]as mein herr gmahel ist so lang im krieg nun [..] [u]nd ich weiß gentzlich nit fürwar, [o]b er ist lebendt oder todt*"[6]. An dieser Stelle lässt noch nichts darauf schließen, dass Klytämnestra ihre Ehe brechen wird. Nach dem Aufsuchen des Orakels berichtet der Priester

---

[1] Atreus: Agamemnons Vater
[2] Aeschylos: Agamemnon. [Herausgegeben von?]. [Übersetzt von?]. [Ort?] 1871, V. 1481 - 1485.
[3] Wörterbuch der Antike. Mit Berücksichtigung ihres Fortwirkens. Begründet von Hans Lamer, fortgeführt von Paul Kroh. Stuttgart ⁹1989, Stichwort „Chor".
[4] Aeschylos: Agamemnon. [Herausgegeben von?]. [Übersetzt von?]. [Ort?] 1871, V. 1489 - 1492.
[5] Walther, Lutz (Hrsg.): Antike Mythen und ihre Rezeption. Ein Lexikon. Stuttgart 2003, S. 17 - S. 24, S. 18.
[6] von Keller, Adelbert (Hrsg.): Hans Sachs. Band 12. Tübingen 1879, S. 317 - S. 341, S. 318.

der Königin, dass *Agamemnon nun von Kassandra besessen sei und dass er es deswegen nicht eilig habe, heimzukehren*[1]. Diese Offenbarung entspricht jedoch nicht der Wahrheit. Agamemnon freut sich auf das Wiedersehen mit seiner Gattin; er bringt ihr sogar *kostbare Geschenke aus dem entfernten Troja* mit.[2] Auf eine Affäre mit der Seherin deutet nichts hin. Widmet man sich dem Priester genauer, so erfährt man seine tatsächliche Absicht: Die Affäre des Königs hat er erfunden, um Klytämnestra gegen ihren Ehemann aufzuhetzen. *Er wolle sein Glück versuchen, der Liebhaber der Königin zu werden*[3]. Dass er sein verwerfliches Vorhaben erfolgreich in die Tat umsetzt, erfährt man durch den Kammerherr Cleon, der seinem Kameraden von der *„bulschaft"*[4] berichtet. An dieser Stelle ändert sich die Königin von der Verführten, die *durch die Ränke des griechischen Oberpriesters zum Opfer wurde*[5], zur Ehebrecherin und bald darauf auch zu der Frau, die den Mord ihres Gatten plant.

Als nach einigen Monaten Agamemnons Heimkehr näher rückt, beratschlagen die Ehebrecher. Die Liebschaft soll vor dem Gatten geheim gehalten werden, jedoch könne dies *wegen der Schwangerschaft der Königin nicht lange verborgen werden*[6]. Als einzigen Ausweg aus der Misere, mit dem die Liebenden einem schlimmen Schicksal entrinnen können und gleichzeitig an der Macht bleiben können, sei laut Klytämnestra die Ermordung des Königs: *„Da müß wir den könig umbbringen, [d]arnach das königklich regiment [e]innemen mit gwaltiger hendt"*[7].

Sie fasst den Plan, dass sie Agamemnon ein Purpurkleid ohne ein Loch für den Kopf anfertigen wird und sobald ihr Gatte im Kleid nach der Öffnung sucht, soll Ägisth den Heimgekehrten erstechen. Und damit die gemeinsame Herrschaft in Zukunft nicht durch den Sohn Agamemnons und Klytämnestras, Orest, gefährdet werden kann, will die Königin auch diesen heimlich töten lassen. Zweifelte der Leser beziehungsweise der Zuschauer bisher an der Schuld der Königin, so wird spätestens am Ende des zweiten Akts deutlich, dass sie nun die Führungsrolle, die zuerst Ägisth innehatte, übernimmt. *Sie plant das Verbrechen und zeigt dem Mittäter, welche Aufgaben ihm zufallen werden*[8]. Klytämnestra ist es also, die Ägisth letztendlich zum Mord anstiftet und so zur eigentlichen Täterin wird.

---

[1] ebd., S. 320.
[2] ebd., S. 326.
[3] ebd., S. 321.
[4] ebd., S. 322.
[5] Langner, Martin: Zum Bild der Klytaimestra in Historien und Fastnachtspielen von Hans Sachs (1494 - 1576). In: George, Marion (Hrsg.): Die Atriden. Literarische Präsenz eines Mythos. Dettelbach 2009, S. 79 - S. 96, S. 88.
[6] von Keller, Adelbert (Hrsg.): Hans Sachs. Band 12. Tübingen 1879, S. 317 - S. 341, S. 324.
[7] ebd., S. 325.
[8] Langner, Martin: Zum Bild der Klytaimestra in Historien und Fastnachtspielen von Hans Sachs (1494 - 1576). In: George, Marion (Hrsg.): Die Atriden. Literarische Präsenz eines Mythos. Dettelbach 2009, S. 79 - S. 96, S. 91.

Bevor am Tag der Ankunft Agamemnons dessen Ermordung stattfindet, durchfließen Ägisth Bedenken und ihm *„grauset aber hart dargegen"*[1]. Auf diese Aussage hin erpresst ihn die Königin schließlich; falls er nun kneife und Agamemnon nicht wie abgesprochen ermorde, würde *sie ihn bei ihrem Gatten wegen Vergewaltigung anklagen*[2]. Es vollzog sich also eine Wandlung: Der Verführer Ägisth wurde gezwungenermaßen zum Mörder und gab ungewollt das Führungszepter an Klytämnestra ab.

Letzten Endes gelingt es den beiden Ehebrechern, ihren grausigen Plan in die Tat umzusetzen: Der ahnungslose König zieht sich das Purpurkleid über und wird daraufhin von Ägisth ermordet. Zudem wird Kassandra, welche die Eifersucht der Königin anregte, gehängt. *Mit Gegenwehr oder einem Aufstand müssen Klytämnestra und Ägisth nicht rechnen, da der Priester auf Geheiß seiner Liebsten die meisten Hofleute durch Bestechungsgelder auf ihre Seite bringen konnte*[3].

Insgesamt wird die Königin nicht nur durch ihr eigenes Handeln und ihr wechselndes Verhältnis zu Ägisth beschrieben, sondern auch durch die Charakteristik ihres Gatten wirkt Klytämnestra in der Rolle der Täterin glaubhaft: Agamemnon wird als liebender und treuer Gatte präsentiert, der nicht an der Loyalität seiner Angetrauten zweifelt. *„Die Gestalt des Königs erscheint damit makellos, und die ganze Schuld fällt auf die Ehefrau, deren Vergehen dadurch noch heimtückischer wirkt."*[4], schließt Martin Langner daraus treffend.

2.2 Klytämnestra als Opfer

2.2.1 Homers „Odyssee"

Der antike Dichter Homer stellt in seiner „Odyssee" vielmehr den Geliebten Klytämnestras als Täter dar als die Königin selbst.

Durch die Ausführungen Nestors im dritten Gesang des antiken Werkes wird dem Leser vor Augen geführt, dass Ägisth als Verführer auftrat, der sich durch Niederlagen und eine lange Eroberungsdauer nicht einschüchtern ließ. Sobald Klytämnestras Ehemann nach Troja in den Krieg gezogen war, umwarb er die Königin lange Zeit, doch seine Angebetete ging anfangs nicht auf seine Avancen ein; *„[s]chändlich schien ihr die Tat; sie hegte ja Gutes im Sinne"*[5].

---

[1] von Keller, Adelbert (Hrsg.): Hans Sachs. Band 12. Tübingen 1879, S. 317 - S. 341, S. 328.
[2] ebd., S. 329.
[3] Langner, Martin: Zum Bild der Klytaimestra in Historien und Fastnachtspielen von Hans Sachs (1494 - 1576). In: George, Marion (Hrsg.): Die Atriden. Literarische Präsenz eines Mythos. Dettelbach 2009, S. 79 - S. 96, S. 84.
[4] Langner, Martin: Zum Bild der Klytaimestra in Historien und Fastnachtspielen von Hans Sachs (1494 - 1576). In: George, Marion (Hrsg.): Die Atriden. Literarische Präsenz eines Mythos. Dettelbach 2009, S. 79 - S. 96, S. 85
[5] Homerus: Odyssee. Herausgegeben von Michael Schroeder. Übersetzt von Karl Ferdinand Lempp. Berlin 2011, 3. Gesang, V. 260.

Agamemnon ließ seine Gattin in der Obhut eines Sängers zurück, den er zu ihrem Schutz bestellte. Diesen ließ Ägisth jedoch auf einer einsamen Insel aussetzen und beseitigte so ein Hindernis, das zwischen ihm und der Königin stand. Nach wiederholtem langwierigem Umgarnen schenkte Klytämnestra ihm dann Gehör und brach ihre Ehe. Über einen längeren Zeitraum konnte sie sich den anhaltenden „Charmeoffensiven" scheinbar nicht entziehen.

In der „Odyssee" fällt Ägisth jedoch nicht nur die Rolle des Verführers zu, sondern auch die des Haupttäters. An mehreren Textstellen macht Homer deutlich, dass Ägisth den Löwenanteil an Agamemnons Mord verrichtet hat. Beispielsweise erzählt Menelaos im vierten Gesang von der grausamen Ermordung seines Bruders:

> „[..] Aigisthos besann sich sofort auf schurkische Künste:
> Wählte zwanzig der Besten im Volk, sie auf Lauer zu legen.
> Zugleich ließ er woanders ein großes Essen bereiten,
> Ging dann hin, Agamemnon zu grüßen, den Hirten der Mannen,
> Kam mit Gespannen und Rossen vergrübelt in scheußlichste Untat,
> Führte den Ahnungslosen hinauf und lud ihn zur Mahlzeit.
> Dabei schlug er ihn tot, wie ein Rind vor der Krippe man totschlägt.
> Nicht ein einziger Mann der Gefolgschaft des Sohnes des Atreus
> Blieb da verschont [..]"[1]

Auch Nestor spricht im dritten Gesang lediglich von Ägisth, der „sein [des Königs, Anm. d. V.] grausiges Ende [p]lanvoll betrieb"[2].

Egal wer in der Odyssee das Schicksal des Agamemnon aufgreift, betont die grausame Tat des Ägisth, während *Klytämnestras Beitrag zur Tötung ihres Gatten unklar* bleibt.[3] Da im gesamten Werk kein Hinweis darauf zu finden ist, dass Klytämnestra maßgeblich an der Ermordung des Agamemnon beteiligt war, kann man folgern, dass sie ihrem Liebhaber lediglich Beihilfe zum Mord geleistet hat. Auch wenn sie nicht ihren Ehemann getötet hat, so machte sich die Königin doch des Mordes an Kassandra schuldig. Dies erfährt man im elften Gesang, als Odysseus in der Unterwelt Agamemnons Geist trifft, der ihm ausführlich von seinem Tod berichtet und auch von der Ermordung Kassandras:

> „Aigisthos und mit ihm im Bund meine grausige Gattin –
> Tod und Schicksal brachten sie mir. Er lud mich zur Mahlzeit,
> Rief mich ins Haus und erschlug mich dabei wie ein Rind vor der Krippe.
> Jämmerlich musste ich sterben, daneben die anderen Gefährten,
> Alle schlug man sie nieder [..],
> Endlos, als gäbs eine Hochzeit, gäb es ein Mahl unter Freunden,
> Gäb es ein Schlemmen und Schwelgen im Haus eines mächtigen Reichen.
> [..] An beladenen Tischen, am Mischkrug

---

[1] ebd., 4. Gesang, V. 529 - 537.
[2] ebd., 3. Gesang, V. 193 - 195.
[3] Walther, Lutz (Hrsg.): Antike Mythen und ihre Rezeption. Ein Lexikon. Stuttgart 2003, S. 17 - S. 24, S. 17f.

Lagen im Saal wir herum und das Erdreich dampfte vom Blutdunst.
Priamos' Tochter Kassandra hörte ich jämmerlich schreien;
Über mir schlug sie die hinterlistige Klytaimnestra
Tot. Und ich –: wohl hob ich die Hände, mein Schwert noch zu fassen –
Sank aber sterbend zu Boden. Doch sie mit den hündischen Augen
Brachte es fertig und ging; sie schloss mir den Mund nicht, die Augen
Drückte sie nicht mir zu mit den Händen beim Gang in den Hades."[1]

Neben diesen Ausführungen des Königs gibt es keine andere Textstelle, an der man so vieles über Klytämnestra erfährt als in den letzten sechs Versen. Doch der Fakt, dass sie ihrem toten Ehemann nicht den Mund und die Lider schließt, nachdem er nach zehn Jahren mit einer jüngeren Frau heimgekehrt ist, über deren Wichtigkeit in Agamemnons Leben man nichts erfährt, macht sie nicht zu einer Täterin. Lediglich wegen des Mordes an Kassandra könnte man Klytämnestra als Täterin verurteilen. Da Homer jedoch in der ganzen „Odyssee" nur ein einziges Mal die Ermordung der Seherin erwähnt und Ägisth als Verführer der Königin und den Haupttäter darstellt, nimmt der Leser Klytämnestra eher als Opfer wahr. Zudem wird Klytämnestra in der „Odyssee" nicht so oft erwähnt wie der *„schurkisch gesinnte Aigisthos"*[2]; dies trägt ebenso dazu bei, die Königin als Opfer und ihren Liebhaber als den eigentlichen Täter zu sehen.

2.2.2 Jochen Bergs „Klytaimestra"

Jochen Berg verbindet in seiner 1985 veröffentlichten Tetralogie „Niobe. Klytaimestra. Iphigeneia. Niobe am Sipylos" den Kummer der Protagonistinnen aufgrund ihrer Lebenssituation mit deren Abwendung von gewissen Denkweisen[3]. Im zweiten Teil seines Werkes, „Klytaimestra", stellt er die eben genannte als Opfer eines Machtspiels dar.

Mit der Einsicht *„lange lebe ich in der gewöhnung der liebe. im raum der erfindung glück. wo nichts wirklich ist. in der unterwerfung."*[4] beginnt Klytämnestra zu erkennen, dass sie ihr bisheriges Leben so nicht mehr weiterführen kann, da sie *die Kleider der Herrschaft abgelegt habe und ihre Souveränität endlich sei*[5]. Schon zu Beginn wirkt die Königin erschöpft und einsam, als sie dies offenbart. Sie sieht sich gefangen in einer patriarchalischen Gesellschaftsordnung und befindet sich in einem Teufelskreis aus Lügen, Gewalt und Krieg, aus dem es schwierig ist, auszubrechen.

---

[1] Homerus: Odyssee. Herausgegeben von Michael Schroeder. Übersetzt von Karl Ferdinand Lempp. Berlin 2011, 11. Gesang, V. 406 - 434.
[2] ebd., 3. Gesang, V. 250.
[3] Walther, Lutz (Hrsg.): Antike Mythen und ihre Rezeption. Ein Lexikon. Stuttgart 2003, S. 17 – S. 24, S. 22.
[4] Berg, Jochen: Niobe. Klytaimestra. Iphigeneia. Niobe am Sipylos. Meerbusch 1985, S. 41 - S. 60, S. 41.
[5] ebd., S. 41.

9

Immer wieder lässt Berg Ägisth seine Geliebte zum Mord an ihrem bald heimkehrenden Gatten anstacheln: *„wenn du den morgen noch in ruh erleben willst, geh ins haus und plane deinen mord."*[1] *Schließlich machte Agamemnon sie zur Witwe, tötete ihr Kind, zwang sie zu seiner Frau und vergewaltigte sie.* Zudem habe er Iphigenie für die Schlacht geschlachtet[2]. *Man müsse handeln, bevor er zum Handeln komme; ein toter Herrscher sei besser als ein lebendiger.*[3] Trotz dieser hartnäckigen Überzeugungsversuche verneint Klytämnestra; *Ägisth solle tun, was er tun müsse, doch solle sie außen vor lassen.*[4] Berg verdeutlicht also, dass es zu Anfang gewiss nicht Klytämnestras Plan war, ihren Gatten zu ermorden.

Brigitte Krüger stellt fest: *„An Klytaimestra ist zu erfahren, [wie] ein Sollen ins Wollen umkippt"*[5]. Aus dem Wunsch nach Beendigung des Daseins *„in der gewöhnung der liebe"*[6] und *„der unterwerfung"*[7], aus einem „Sollen", wird ein „Wollen". Zur Entstehung des „Wollens" führen nun zwei Ereignisse:

Zuerst kehrt Agamemnon mit seiner Kriegsbeute Kassandra aus Troja zurück, wobei er seinen Raub als *„schönste beute, die ich heimgebracht"*[8] vorstellt. Zudem wehrt er die diversen Annäherungsversuche seiner Gattin mehrmals ab: Beispielsweise rollt sie vor ihm einen Purpurteppich aus, welchen der König nur zwangsweise betritt. Seiner Gattin von seinem Aufenthalt zu erzählen, der sie zehn Jahre lang trennte, würde nur *„unnütz tun"*[9]. Außerdem *würde auf dem Grunde seiner Venen schwer die Sucht nach ausgestreckter Ruhe hocken*[10]. Es scheint so, als würde Agamemnon den Umgang mit seiner Gattin nur noch schwerlich ertragen. Daraufhin wendet sich die Königin von ihrem Ehemann ab – *„du kommst und zwingst mir troja über den kopf. bevor du weißt was du hier hast. ich will nicht wieder schauplatz deiner geschichte werden."*[11] – und repräsentiert die Lossagung von der *„gewöhnung der liebe"*[12] und *„unterwerfung"*[13], als sie den König tötet.

„Der Kontext zur Neudeutung alter Mythen ist bei Berg mit einem ausgeprägten Hang zum Aparten, zum schicken Schock"[14], bemerkt Wolfgang Emmerich. So ersticht Bergs Klytaimestra auch Ägisth als überraschende Neuerung gegenüber der Sage. Sie bemerkt, dass

---

[1] ebd., S. 42.
[2] ebd., S.44.
[3] ebd., S. 42.
[4] ebd., S. 45.
[5] Krüger, Brigitte: Frei sein, das nicht gelingen will. Jochen Bergs Zugang zum Atridenmythos. In: George, Marion (Hrsg.): Die Atriden. Literarische Präsenz eines Mythos. Dettelbach 2009, S. 297 - S. 312, S. 305.
[6] Berg, Jochen: Niobe. Klytaimestra. Iphigeneia. Niobe am Sipylos. Meerbusch 1985, S. 41 - S.60, S. 41.
[7] ebd., S. 41.
[8] Berg, Jochen: Niobe. Klytaimestra. Iphigeneia. Niobe am Sipylos. Meerbusch 1985, S. 41 - S. 60, S. 47.
[9] ebd., S. 47.
[10] ebd., S. 50.
[11] ebd., S. 54.
[12] ebd., S. 41.
[13] ebd., S. 41.
[14] Emmerich, Wolfgang: Kleine Literaturgeschichte der DDR. Leipzig ²1997, S. 362.

sie ihm stets nur als Sprungbrett zu seinen eigenen Interessen diente und er den Tod Agamemnons als nützlich hinsichtlich seiner eigenen Machtergreifung ansieht: *„du störst meine
gedanken. nicht für dich geschah dies. für dich jedoch ist dieser satz: herrschen heißt nur
unterwerfung oder mord.“*[1] Mit der Ermordung beider Männer in ihrem Leben hat die Königin ihr Ziel, die Befreiung aus
den Fesseln ihres Daseins, jedoch nur scheinbar erreicht. Der Ausstieg aus den politischen
Machenschaften und aus der Existenz als Spielball der Mächte gelang ihr nur mit den Mitteln
der ihr verhassten Machtpolitik; nämlich indem sie *„das letzte werkzeug in dem männer-
werk“*[2] wurde. Nur durch Mord, so wie ihr es Ägisth einst anempfahl, war sie in der Lage, ihre
Situation zu verändern. So erweisen sich die *„Ausbrüche aus fremdbestimmten Verhältnis-
sen“*[3] am Ende als bloße Scheinlösung, denn sie war nur *„das werkzeug, das das werk be-
endet“*[4] hat.

2.2.3 Christine Brückners „Wenn du geredet hättest, Desdemona"

*„Über die Atriden sind seit der Antike unzählige Dramen geschrieben worden. Aber was weiß
man schon über die Frau des sagenhaften Königs von Mykene, über Klytämnestra? Ihr, der
Geliebten des Ägistos, der Gattenmörderin, ein wenig Gerechtigkeit widerfahren zu lassen,
war ganz offensichtlich Christine Brückners Absicht.“*[5], so Barbara Schwarz. Christine Brückner lässt in ihrem Werk „Wenn du geredet hättest, Desdemona. Ungehaltene Reden ungehaltener Frauen" die Königin als Opfer sprechen. Im Monolog „Bist du nun glücklich, toter
Agamemnon?" legt sie das Geschehene dar und nennt folgende Gründe für ihre Tat:

Obwohl der König wusste, wie sehr sie das Meer und die damit verbundenen Kriege hasste,
brach er nach Troja auf und kehrte erst zehn Jahre später zurück; *„zehn Jahre zu spät“*[6], so
seine Gattin. Zuhause wurde er von seinem Volk gebraucht; es gab in Argos Klytämnestras
Ansicht nach genug Angelegenheiten, die der Anwesenheit eines Königs bedurften, zumal er
seinem eigenen Volk fremd war. *Schließlich müsse in einem Staat jeder jeden kennen*, wenn
man wünscht, erfolgreich zu herrschen.[7]

---

[1] Berg, Jochen: Niobe. Klytaimestra. Iphigeneia. Niobe am Sipylos. Meerbusch 1985, S. 41 - S. 60, S.
56.
[2] ebd., S. 58.
[3] Krüger, Brigitte: Frei sein, das nicht gelingen will. Jochen Bergs Zugang zum
Atridenmythos. In: George, Marion (Hrsg.): Die Atriden. Literarische Präsenz eines Mythos. Dettelbach
2009, S. 297 - S. 312, S. 300.
[4] Berg, Jochen: Niobe. Klytaimestra. Iphigeneia. Niobe am Sipylos. Meerbusch 1985, S. 41 - S. 60, S.
58.
[5] Schwarz, Barbara: Viele gute Rollen für Frauen. In: Tietz, Gunther (Hrsg.): Über Christine Brückner.
Aufsätze, Rezensionen, Interviews. Frankfurt am Main u.a. 1990, S. 205.
[6] Brückner, Christine: Wenn du geredet hättest, Desdemona. Ungehaltene Reden ungehaltener Frau-
en. München 2002, S. 195 - S. 208, S. 195.
[7] ebd., S. 198.

Auch seine Gattin hätte Agamemnons Unterstützung benötigt. In seiner Abwesenheit führte sie ein unschönes, tristes Leben, wobei alle Versuche, ihr Dasein mit etwas Schönem zu bereichern, fehlschlugen. *Die mühsam angelegten Gärten der Klytämnestra würden bald vom Regen weggewaschen werden, eine Schale sei bereits zersprungen.*[1] Nach all den Niederschlägen suchte die Königin weiterhin Trost und fand ihn: *„Dein Bett stand nicht zehn Jahre leer. Ein anderer hat es warm gehalten.“*[2] Dieser andere war Ägisth. *Verwunderlich sei jenes nicht, schließlich würden andere Männer die Äcker des Königs bestellen, sein Korn einfahren, seinen Wein keltern und Fische fangen, um Frauen und Kinder zu ernähren; wen würde es da wundern, wenn andere nicht auch seine Kinder zeugen würden.*[3]

Damit, dass Agamemnon in den Krieg gezogen war, brachte er allerdings nicht nur Unheil über seine Frau und eigene Familie, sondern auch über die seiner Männer; *was sei denn ehrend daran, wenn ein Mann den anderen tötet? Er schmähe die Mutter, die ihn geboren, den Vater, der ihn gezeugt hat, die Frau, die ihn liebt.*[4]

Des Weiteren erwähnt Klytämnestra gleich mehrere Male die Tatsache, dass ihr der König nie sein Gehör schenkte, was sie verletzte und auf Dauer wütend machte: *Nie habe er ihr zugehört.*[5] *Man musste ihn erst ertränken, damit er ihr zuhöre und Zeit für sie habe.*[6]

Den oben beschriebenen Gründen für ihre Tat fügt die Königin jedoch noch zwei entscheidende hinzu. Zum einen führt sie an, dass *Agamemnon ihr Iphigenie nahm.*[7] *Iphigenie sei ein geduldiges Lamm gewesen, doch er habe ein Opfertier aus ihr gemacht.*[8] Die Opferung der gemeinsamen Tochter markierte also das Ende der Ehe und stößt bei der Königin auf Unverständnis.

Zum anderen nennt sie ihrem toten Ehemann seine ständigen Liebschaften, wobei sie vor allem auf die letzte Affäre mit Kassandra Gewicht legt. Immer wieder kommt sie während der Grabrede darauf zu sprechen als werde sie davon stets angezogen. *Kassandra solle man ihm im Grab zu Füßen legen, die schöne Beute aus Troja*[9], sagt sie, während sie eingesteht, keine Reue zu empfinden. Als sie das Wiedersehen nach der zehnjährigen Abwesenheit schildert, erwähnt sie Kassandra erneut und auch als sie das veränderte Aussehen des Kö-

---

[1] ebd., S. 198.
[2] ebd., S. 206.
[3] Brückner, Christine: Wenn du geredet hättest, Desdemona. Ungehaltene Reden ungehaltener Frauen. München 2002, S. 195 - S. 208, S. 198.
[4] ebd., S. 200.
[5] ebd., S. 206.
[6] ebd., S. 205.
[7] ebd., S. 203.
[8] ebd., S. 200.
[9] ebd., S. 203.

nigs anspricht – insbesondere seinen vor dem Krieg nicht vorhandenen Bart –, fragt sie ihn, ob er denn damit *der Tochter des Priamos gefallen wollte.*[1]

Doch der wohl bedeutsamste Textbeleg bezüglich Agamemnons Ermordung aufgrund seiner Affären ist folgender:

„Kassandra ist selbst das Unheil, das sie weissagt. Wenn du nur ein einziges Mal zurückgekehrt wärest, ohne dir eine Sklavin mitzubringen!"[2]

Anhand dieses Zitats macht Christine Brückner deutlich, dass es nicht notgedrungen zum Mord des Königs kommen musste. Wäre er ohne menschliche Kriegsbeute nach Hause gekommen, hätte er damit nicht „das Fass Klytämnestra zum Überlaufen gebracht". Der jahrelang aufgestaute Frust, die Trauer und auch der Zorn seiner Gattin brachen just in dem Moment über Agamemnon herein, als die Königin Kassandra im Wagen zu den Füßen ihres Mannes sitzen sah. Seinen bisher begangenen diversen Fehlern fügte er damit einen weiteren, folgenschweren hinzu. *Auch wenn Klytämnestra vor der Tat hundertmal an Mord gedacht hatte, so war doch er es, der sie mit einem letzten Fehler zur Mörderin machte.*[3]

Obwohl die Königin eingesteht, nichts zu bereuen, kein Mitleid mit ihrem verstorbenem Ehemann zu verspüren und eröffnet, dass sie neben Ägisth noch einen zweiten Geliebten, Georgios, hatte, so wird Klytämnestra bei Brückner durch das mehrmalige Fehlverhalten Agamemnons quasi von der Schuldlast losgesprochen. Die Umstände ihres Lebens machen die Königin also zu einem Opfer, das durch eine Kurzschlussreaktion zur Täterin wurde.

3 Resümee

3.1 Zusammenfassung der Darstellung Klytämnestras

In Anbetracht der bisherigen Ausführungen lassen sich die unterschiedlichen Betrachtungsweisen bezüglich Klytämnestra folgendermaßen sammeln:

In Aeschylos' Werk lügt und betrügt Klytämnestra. Die Tatsache, dass sie einen Purpurteppich auslegen lässt, um Hass auf ihren Gatten zu lenken, und dass sie nach dem Mord keine Reue zeigt, verdeutlicht ihre Rolle als Täterin. Auch durch die einzigartige Bewertungsinstanz „Chor" wird die Schuldlast und die Schuldfähigkeit der Königin nochmals stark betont.

Einen Wechsel in der Darstellungsweise erfährt man bei Sachs: Anfangs ist die Königin unschuldig, wird aber von Ägisth durch Lügen verführt. Mit der Ankunft ihres Ehemannes verändert sich die Königin: Sie wird zur berechnenden Gattenmörderin, welche ihren Liebhaber erpresst und Kassandra erhängen lässt. Sachs bewirkt unter anderem durch die Charakte-

---

[1] ebd., S. 206.
[2] ebd., S. 199.
[3] Brückner, Christine: Wenn du geredet hättest, Desdemona. Ungehaltene Reden ungehaltener Frauen. München 2002, S. 195 - S. 208, S. 204.

ristik des Königs als liebenden und treuen Gatten, dass Klytämnestras Schuldlast noch gewaltiger erscheint und sie als Täterin wahrgenommen wird.

Der Dichter Homer betont, obwohl die Königin Kassandra tötet, stets den Königsmord des Ägisth, wobei dies beim Leser zwangsweise dazu führt, Klytämnestra eher als Opfer denn als Täterin zu sehen. Agamemnons Affäre wird nicht erwähnt.

Bei Berg wird Klytämnestra von den Männern in ihrem Leben unterdrückt, bedrängt, betrogen und abgewiesen. Sie gibt „nur" ihrem Befreiungsbedürfnis nach, indem sie die Männer tötet, wobei die Ermordung ihres Liebhabers nur in Bergs Drama vorkommt. Iphigenies Opferung wird zwar erwähnt, diese ist jedoch nicht Hauptanstoß für den Mord. Mithilfe dieser Geschehnisse lässt Berg die Königin als Leidtragende aufleben.

Obwohl sich bei Brückner die Gattenmörderin von Agamemnon sehr stark vernachlässigt fühlt, stellen die Tötung Iphigenies und die Affäre des Königs mit Kassandra eindeutig den Tatantrieb dar. Ihrer jahrelangen Frustration und Unzufriedenheit macht sich Klytämnestra durch die Ermordung des Liebespaares Luft, wobei sie als Opfer wahrgenommen wird.

Resümiert man all dies, so gelangt man zu folgendem Schluss: Jeder Autor der in dieser Arbeit betrachteten Werke verwendet grundsätzlich die gleichen mythischen Elemente, wie zum Beispiel die Affären der beiden Eheleute sowie den Tod des Agamemnon und der Kassandra durch Klytämnestra und Ägisth. Wie kann es also dazu kommen, die Königin in einem Opus als Opfer und in einem anderen als Täterin zu sehen? Durch geringe Abweichungen der Werke untereinander hinsichtlich der Charakteristika der Hauptpersonen sowie der Handlung gelingt es den Autoren, die Materie verschiedenartig darzustellen. Diese Differenzen resultieren aus dem jeweiligen Zeitgeist und der damit verbundenen Frauenrolle. Betrachtet man hier die chronologische Reihenfolge der Werke und mit dieser den Wandel der Königin von der Täterin zum Opfer, kann man dies in direkten Zusammenhang mit der Veränderung des allgemeinen Frauenbildes in der westlichen Welt sehen. Jeder Autor schaffte es mit der Authentizität seines Werkes, den Leser in seine Epoche, in seine geschaffene Welt, mitzunehmen, da die einzelnen Opera in sich so stimmig sind, dass der Leser nachvollziehen kann, wieso der Verfasser Klytämnestra in seiner persönlichen Art und Weise darstellt.

3.2 Einordnung in das Thema des W-Seminars

Das wissenschaftspropädeutische Seminar „Das ist ja unerhört – Briefe von Frauen aus Antike und Gegenwart" beruht auf zwei Säulen: Die erste Säule wird von dem antiken Dichter Ovid dargestellt, der fiktive Briefe von mythischen Frauen niederschrieb. Den zweiten Pfeiler repräsentieren Christine Brückners „Ungehaltene Reden".

Leider wurde von Ovid kein Klytämnestra-Brief verfasst, sodass dieser in der Seminararbeit von Aeschylos und Homer vertreten wird.

Im Laufe der Zeit setzten sich viele Autoren mit der Gestalt der Gattenmörderin auseinander, wobei diese sehr different dargestellt wurde. In diesem Kontext behandelt die Seminararbeit eben jene Abweichungen, wobei die Darstellungsweise in Werken von der Antike bis zur Gegenwart untersucht wurde.

4 Literaturverzeichnis

4.1 Primärliteratur

Aeschylos: Agamemnon. [Herausgegeben von?]. [Übersetzt von?]. [Ort?] 1871.

Berg, Jochen: Niobe. Klytaimestra. Iphigeneia. Niobe am Sipylos. Meerbusch 1985, S. 41 -
S. 60.

Brückner, Christine: Wenn du geredet hättest, Desdemona. Ungehaltene
Reden ungehaltener Frauen. München 2002, S. 195 - S. 208.

Homerus: Odyssee. Herausgegeben von Michael Schroeder. Übersetzt von Karl Ferdinand
Lempp. Berlin 2011.

von Keller, Adelbert (Hrsg.): Hans Sachs. Band 12. Tübingen 1879, S. 317 -
S. 341.

4.2 Sekundärliteratur

Emmerich, Wolfgang: Kleine Literaturgeschichte der DDR. Leipzig ^{2}1997,
S. 362.

Krüger, Brigitte: Frei sein, das nicht gelingen will. Jochen Bergs Zugang zum Atridenmythos.
In: George, Marion (Hrsg.): Die Atriden. Literarische Präsenz eines Mythos. Dettelbach 2009,
S. 297 - S. 312.

Langner, Martin: Zum Bild der Klytaimestra in Historien und Fastnachtspielen von Hans
Sachs (1494 - 1576). In: George, Marion (Hrsg.): Die Atriden.
Literarische Präsenz eines Mythos. Dettelbach 2009, S. 79 - S. 96.

Schwarz, Barbara: Viele gute Rollen für Frauen. In: Tietz, Gunther (Hrsg.):
Über Christine Brückner. Aufsätze, Rezensionen, Interviews. Frankfurt am Main u.a. 1990.

Walther, Lutz (Hrsg.): Antike Mythen und ihre Rezeption. Ein Lexikon. Stuttgart 2003, S. 17 -
S. 24.

Wörterbuch der Antike. Mit Berücksichtigung ihres Fortwirkens. Begründet von Hans Lamer,
fortgeführt von Paul Kroh. Stuttgart ^{9}1989, Stichwort „Chor".